Bibliografische Information der Deutschen Nationalbibliothek:

Die Deutsche Bibliothek verzeichnet diese Publikation in der Deutschen National-
bibliografie; detaillierte bibliografische Daten sind im Internet über http://dnb.d-
nb.de/ abrufbar.

Impressum:

Copyright © 2007 GRIN Verlag, Open Publishing GmbH
Druck und Bindung: Books on Demand GmbH, Norderstedt Germany
ISBN: 9783668610897

Dieses Buch bei GRIN:

https://www.grin.com/document/333832

Hubert Woita

KSZE. Die Konferenz für Sicherheit und Zusammenarbeit in Europa

GRIN Verlag

GRIN - Your knowledge has value

Der GRIN Verlag publiziert seit 1998 wissenschaftliche Arbeiten von Studenten, Hochschullehrern und anderen Akademikern als eBook und gedrucktes Buch. Die Verlagswebsite www.grin.com ist die ideale Plattform zur Veröffentlichung von Hausarbeiten, Abschlussarbeiten, wissenschaftlichen Aufsätzen, Dissertationen und Fachbüchern.

Besuchen Sie uns im Internet:

http://www.grin.com/

http://www.facebook.com/grincom

http://www.twitter.com/grin_com

KSZE. Die Konferenz für Sicherheit und Zusammenarbeit in Europa

Inhaltsverzeichnis

1. Fragestellung.. 3

2. Forschungsstand.. 5

3. Analyse des Themas... 7

   3.1   Die Entstehung der KSZE bis hin zur OSZE 7

   3.2   Die Menschenrechtsakte von Helsinki und ihre

   Folgewirkungen 16

   3.3   Die OSZE von Heute.. 21

4. Ergebnis und Ausblick... 24

5. Literaturverzeichnis.. 27

6. Quellen.. 29

1. Fragestellung

Die Konferenz für Sicherheit und Zusammenarbeit in Europa (KSZE) im Sommer 1975 war der Höhepunkt der Entspannungsphase zwischen West und Ost. Nach Jahren der Abgrenzung und der Konflikte (Berlin-Krise 1948; Korea-Krieg 1950-1952) zwischen den Supermächten begann im Laufe der sechziger Jahre, zunächst noch zögerlich, die schrittweise Annäherung der Systeme.[1] Besonders der Mauerbau 1961 sowie die Kuba-Krise im Herbst 1962, und mit ihr die mögliche Gefahr eines Atomkrieges, brachten einen deutlichen Umschwung im Verhältnis zwischen Ost und West, vor allem aber im Verhältnis zwischen den Vereinigten Staaten von Amerika (USA) und der Union der Sozialistischen Sowjetrepubliken (UdSSR). Das Risiko einer Eskalation der Politik des Kalten Krieges zeigte sich als zu hoch und beide Seiten waren sich einig, dass eine vermehrte Kommunikation unausweichlich geworden war.[2] Dies geschah zunächst vor allem im Ost-West-Verhältnis in Bezug auf die „deutsche Frage". Die Verträge der Bundesrepublik Deutschland (BRD) mit Moskau und Warschau 1970, mit Prag 1973, das Vier-Mächte-Abkommen über Westberlin 1971, sowie der deutsch-deutsche Grundlagenvertrag 1972 waren erste Anstöße zur Normalisierung und Aussöhnung mit dem Osten. Zudem ebneten sie den Weg für multilaterale

---

[1] siehe Schmidt, Helmut: Menschen und Mächte. Berlin 1990, S. 73
[2] vgl. v. Bredow, Wilfried: Der KSZE-Prozeß: von der Zähmung zur Auflösung des Ost-West-Konflikts. Darmstadt 1992, S. 10

Gespräche, die seit 1972 in Form der KSZE-Konferenz in Helsinki (deshalb oft auch als Helsinki-Konferenz erwähnt) Gestalt annahmen. Die KSZE entwickelte sich zu einem Prozess, der auch durch die gewaltsame Zerschlagung des „Prager Frühlings" in der Tschechoslowakischen Sozialistischen Republik (CSSR) 1968 nicht unterbrochen wurde. Im Gegenteil, er bekam enorme Bedeutung für die künftige Entwicklung in Europa und hatte auch Anteil zur Einheit Deutschlands.[3] Die Bedeutung des Prozesses wurde1990 auf dem Pariser Gipfeltreffen mit der Institutionalisierung der KSZE und 1994 in Budapest mit der Umbenennung zur Organisation für Sicherheit und Zusammenarbeit in Europa (OSZE) noch verstärkt.[4] Doch wie entwickelte sich der KSZE-Prozess bis zur Bildung der OSZE und was waren die wesentlichen Punkte der Schlussakte? Welche Wirkungen hatte die Menschenrechtsakte, speziell für die ehemaligen Ostblockstaaten? Und welche Rolle und Aufgaben hat die OSZE in der heutigen Weltpolitik? Auf diese zentralen Fragen soll im Folgenden eingegangen und mögliche Antworten geliefert werden.

---

[3] vgl. Ebert, Hans-Jürgen: Brauchen wir die KSZE? zweite, erweiterte und aktualisierte Auflage. Berlin 1993, S. 6 ff.
[4] siehe Auswärtiges Amt (Hrsg.): Von der KSZE zur OSZE: Grundlagen, Dokumente und Texte zum deutschen Beitrag 1993-1997. Bonn 1998, S. 116 ff., 244 ff.

2.   Forschungsstand

Der KSZE- bzw. OSZE-Prozess ist immer noch Gegenstand zahlreicher Studien. So gibt das Institut für Friedensforschung und Sicherheitspolitik an der Universität Hamburg (IFSH) jährlich das OSZE-Jahrbuch heraus. Es befasst sich insbesondere mit der aktuellen Entwicklung der Organisation, ihren Aufgaben sowie deren Missionen. Im Jahrbuch 2004 lieferte beispielsweise David Buerstedde einen Beitrag zur OSZE-Mission im Kosovo nach dem erneuten Gewaltausbruch im Frühjahr 2004.[5] Doch auch schon im Jahr der Unter-zeichnung der Schlussakte sind erste Werke erschienen, die die Thematik des Prozesses aufgriffen. So veröffentlichten Boris Meissner und Alexander Uschakow in der BRD einen Sammelband wissenschaftlicher Aufsätze, die sich kritisch mit den Ergebnissen und denen aus ihnen resultierenden Problemen auseinander setzte. Besonderes Augenmerk wurde dabei auf die Situation der sozialistischen Staaten Osteuropas nach der Konferenz in Helsinki gelegt.[6]

Auffällig ist, dass vor 1989 nur wenige wissenschaftliche Arbeiten in der Deutschen Demokratischen Republik (DDR) erschienen sind. Die meisten deutschen Werke vor 1989 kamen aus dem westlichen

---

[5] siehe Buerstedde, David: Die OSZE-Mission im Kosovo: Neue Prioritäten nach dem Ausbruch der Gewalt im März 2004. in: IFSH (Hrsg.): OSZE-Jahrbuch 2004. Baden-Baden 2004, S. 145-157
[6] siehe Meissner, Boris; Uschakow, Alexander (Hrsg.): Probleme der Konferenz über Sicherheit und Zusammenarbeit in Europa. Berlin 1975

Deutschland. Ein Grund dafür könnte die Zensur der DDR-Kontrollbehörden gewesen sein. Alle Veröffentlichungen, auch auf dem Gebiet der Wissenschaft mussten mit der marxistisch-leninistischen Staatsideologie der DDR konform gehen. Dadurch war eine kritische Auseinandersetzung, vor allem in der Menschenrechtsfrage nicht möglich. Erst nach dem Zusammenbruch des DDR-Regimes und der daraus resultierenden Öffnung der Archive des Ministeriums für Staatssicherheit (MfS) erschloss sich den Historikern neues Forschungsmaterial. Dieses lieferte neues Wissen, das bis dato unter Verschluss gehalten und für die Forschung nicht zugänglich war. Aus diesem Grunde sind vor allem im Laufe der neunziger Jahre viele Werke in der wiedervereinigten Bundesrepublik Deutschland erschienen. Zu nennen wäre hier etwa eine Veröffentlichung Wilfried von Bredows. In seiner Arbeit „Der KSZE-Prozess" befasst er sich mit der Entwicklung des gesamten Prozesses und geht auch auf die veränderten Situationen in den ehemaligen Staaten des sowjetischen Machtbereichs ein. Der Verlauf wird umfassend dargestellt und das Werk bietet einen guten Gesamtüberblick der KSZE.[7] Neben den deutschen Erscheinungen in den Nachwendejahren gab es ebenfalls auf internationaler Ebene eine Vielzahl neuester wissenschaftlicher Forschungsarbeiten. Zwei Beispiele sind dabei die Publikationen

---

[7] siehe v. Bredow, Wilfried: Der KSZE-Prozeß: von der Zähmung zur Auflösung des Ost-West-Konflikts. Darmstadt 1992

des Niederländers Arie Bloed[8] und des Griechen Alexis Heraclides[9].
Beide analysieren in ihren Werken die Entwicklung des KSZE-Prozesses, Heraclides thematisiert allerdings noch mehr die Folgen und Auswirkungen der Bestimmungen. Sowohl Bloed, als auch Heraclides waren für ihre Heimatländer aktiv an der Politik des Prozesses beteiligt.

Es zeigt sich also, dass auf dem Gebiet der KSZE- bzw. OSZE-Forschung weiterhin aktuelle Erkenntnisse gewonnen und wissenschaftliche Werke publiziert werden.

3. Analyse des Themas

3.1 Die Entstehung der KSZE bis hin zur OSZE

Bei der Aufnahme der ersten Vorbereitungsgespräche zur Konferenz für Sicherheit und Zusammenarbeit in Europa am 22. November 1972 in Dipoli nahe Helsinki, hatte wahrscheinlich keiner der Beteiligten gedacht, dass diese Konferenz einen für Europa wichtigen Prozess auslösen würde. Doch bevor es zu dieser Entwicklung kam war es ein langer Weg. Kurioser Weise ging die Initiative zu einer europäischen Sicherheitskonferenz von sowjetischer Seite aus. Die ersten Pläne gehen zurück bis in die

---

[8] siehe Bloed, Arie: The Conference on Security and Co-operation in Europe: Analysis and Basic Documents, 1972-1993. Dodrecht 1993
[9] siehe Heraclides, Alexis: Helsinki-II and its Aftermath: The Making of the CSCE into an International Organization. London 1993

dreißiger Jahre. Die UdSSR brachte 1935 die Idee zu einer solchen Konferenz in den Völkerbund ein. Damals ging es ihr allerdings noch darum, die internationale Isolierung zu durchbrechen, um einer erneuten Gefahr eines Weltkrieges aus dem Weg zu gehen. Der Vorschlag scheiterte aber lediglich mit einem Entwurf eines Abkommens. Erst auf der Genfer Konferenz vom 18. bis 23. Juli 1955 stand die Sicherheit Europas wieder auf der Tagesordnung der vier ehemaligen Alliierten des Zweiten Weltkrieges.[10] Denn in der Zwischenzeit hatte die Gründung der Nordatlantischen Verteidigungsorganisation (NATO) im April 1949 auf westlicher und des Warschauer Paktes im Mai 1955 auf östlicher Seite den „Eisernen Vorhang"[11] zum Fallen gebracht und den Kalten Krieg erneut verschärfte. Und auch die Berlin-Blockade 1948 bis 1949, sowie die Niederschlagung des Volksaufstandes am 17. Juni 1953 in der DDR durch sowjetische Panzer war ein Zeichen für die Unsicherheit, die in Europa herrschte. Aber wie schon beim Völkerbund 1935 scheiterte die Idee, diesmal allerdings an den unterschiedlichen Positionen der westlichen und östlichen Regierungschefs. Beide Seiten wollten an ihren Standpunkten festhalten. Und auch beim Folgetreffen im Herbst des gleichen Jahres

---

[10] vgl. Ebert, Hans-Jürgen: Brauchen wir die KSZE? zweite, erweiterte und aktualisierte Auflage. Berlin 1993, S. 9 ff.
[11] der Begriff wurde erstmals vom Premierminister Großbritanniens Sir Winston Leonard Churchill (1874-1965) geprägt; aus: Geiss, Imanuel: Geschichte griffbereit. Bd.4. Begriffe. München 2002, S. 1025

konnte keine Übereinkunft getroffen werden.[12] Für gut ein Jahrzehnt schien die Idee einer Sicherheitskonferenz auf Eis gelegt zu sein. Die Supermächte gingen in ihren Weltvorstellungen immer weiter auseinander und es traten neue Konflikte und Krisenherde in die Politik ein. Der Volksaufstand in Ungarn 1956, der Bau der Berliner Mauer 1961 und die Kuba-Krise 1962 verdeutlichten diese dramatische Entwicklung besonders. Gerade die Kuba-Krise zeigte welche Gefahr der Rüstungswettlauf der Supermächte mit sich brachte, denn zu diesem Zeitpunkt stand die Welt am Rande einer nuklearen Konfrontation.[13] Doch selbst in dieser angespannten Situation ging das sowjetische Interesse einer Sicherheitskonferenz nicht verloren. Mit dem militärischen Rückzug Frankreichs aus der NATO 1966 wurde ihr Interesse bestärkt, sahen sie jetzt doch bessere Chancen für das Gelingen einer solchen Konferenz.[14] Und auch in der Bukarester Erklärung der Warschauer-Pakt-Staaten vom Juli 1966 taucht der Konferenzgedanke wieder auf.[15] Im Jahr 1967 definierte die NATO ihre zukünftigen Bündnisaufgaben als Verteidigung und Entspannung und im Juni 1968 erklärten sie in Reykjavik die „Gegenseitige und ausgewogene

---

[12] vgl. Ebert, Hans-Jürgen: Brauchen wir die KSZE? zweite, erweiterte und aktualisierte Auflage. Berlin 1993, S. 12
[13] siehe v. Bredow, Wilfried: Der KSZE-Prozess: von der Zähmung zur Auflösung des Ost-West-Konflikts. Darmstadt 1992, S. 10 ff.
[14] siehe Wettig, Gerhard: Frieden und Sicherheit in Europa: Probleme bei der Konferenz für Sicherheit und Zusammenarbeit in Europa (KSZE) und der wechselseitigen Truppenreduzierung (MBFR) in Europa. Stuttgart-Degeloch 1975, S. 17
[15] vgl. Willms, Bernard: Entspannung und friedliche Koexistenz. München 1974, S. 155 ff.

Truppenverminderung" (MBFR) für ihre Staaten. Mit dem Budapester Appell von 1969 bekräftigen die Staaten des Warschauer Paktes ihr Anliegen für eine gesamteuropäische Konferenz und auch die NATO stimmte Gesprächen mit den osteuropäischen Staaten zu. Am 09. Mai 1969 veröffentlichte die finnische Regierung ein Memorandum mit dem Angebot eine multilaterale Konferenz sowie die Vorbereitungstreffen in Helsinki abzuhalten. Unterdessen machte die NATO das Gelingen der Sicherheitskonferenz abhängig von den Gesprächen der BRD mit der UdSSR, Polen und dem Viermächteabkommen über Berlin.[16] Die sozialliberale Koalition unter Helmut Schmidt in der BRD schloss im Rahmen ihrer neuen Ostpolitik diese Verträge (Moskauer und Warschauer Vertrag 1970; Viermächteabkommen 1971) ab. Mit ihnen verfolgte Schmidt die Überwindung der Kluft, die seit über zwanzig Jahren Europa trennte. Somit war der Weg frei für eine multilaterale Sicherheitskonferenz.[17] Zur Vorbereitung der eigentlichen Konferenz traf man sich am 22. November 1972 in Dipoli.[18] Bis zum 08. Juni 1973 klärte man in vier Gesprächsrunden die Tagesordnung und die Verfahrensfragen der KSZE. So einigte man sich darauf,

---

[16] vgl. Auswärtiges Amt (Hrsg.): Von der KSZE zur OSZE: Grundlagen, Dokumente und Texte zum deutschen Beitrag 1993-1997. Bonn 1998, S. 594 ff.
[17] siehe Blank, Ulrich; Darschinger, Jupp: Helmut Schmidt. Hamburg 1974, S. 130
[18] An der Vorbereitung beteiligten sich 34 Delegationen aus den europäischen Staaten, Kanada und den USA. Monaco trat erst auf der Hauptkonferenz mit ein.

dass alle Beschlüsse durch Konsens gefasst werden sollten.[19] Verfasst waren die Verfahrensregeln im „blauen Buch" von Dipoli, welches am 07. Juli 1973 von den Außenministern verabschiedet wurde. Die eigentliche Konferenzarbeit begann dann am 18. September 1973 in Genf und dauerte bis zum 21. Juli 1975 an.[20] Die Gespräche gestalteten sich als sehr langwierig, es ist auch die Rede vom „Diplomatenmarathon", da es zwischen den Beteiligten unterschiedliche Ansichten über die Konzepte der Tagesordnung gab. Insbesondere die Konflikte zwischen Ost und West blieben auch bei den KSZE-Verhandlungen nicht verborgen. Eine wichtige Rolle nahmen an dieser Stelle die neutralen und blockfreien Staaten (N&N-Staaten) ein. Bei vielen Uneinigkeiten zwischen den Macht-blöcken agierten sie als Vermittler, und auch bei den Folge- und Expertentreffen kam ihnen diese Rolle zu. Allerdings ist der Verdienst dieser Staaten nicht zu überschätzen und das Gelingen der Konferenzgespräche nicht allein ihrer Arbeit zu zurechnen.[21] Schließlich trafen sich am 30. Juli 1975 die Staats- und Regierungschefs der 35 Teilnehmerstaaten in Helsinki und tags darauf unterzeichneten sie die Schlussakte der KSZE. Am Rande dieser Gipfel- konferenz kam es auch zum ersten Aufeinandertreffen von Helmut Schmidt (Bundeskanzler der BRD)

---

[19] vgl. Becker, Peter: Die frühere KSZE-Politik der Bundesrepublik Deutschland: Der außenpolitische Entscheidungsprozeß bis zur Unterzeichnung der Schlußakte von Helsinki. Münster [u. a.] 1992, S. 170
[20] siehe Schlotter, Peter: Die KSZE – im Ost-West-Konflikt: Wirkung einer internationalen Institution. Frankfurt/Main [u. a.] 1999, S. 62
[21] vgl. Zielinski, Michael: Die neutralen und blockfreien Staaten und ihre Rolle im KSZE-Prozeß. Baden-Baden 1990, S. 12 ff.

und Erich Honecker(damals Parteichef der Sozialistischen Einheitspartei Deutschlands; SED).Beide betonten ihre Bereitschaft zur Fortsetzung der Verhandlungen zwischen BRD und DDR und sprachen sich für direkte Kommunikation untereinander aus.[22]

Die Schlussakte von Helsinki ist ein umfassendes Dokument, was die unterschiedlichsten Bereiche berührte. Gegliedert wurde sie in den bekannten „Körben". Der erste Korb befasste sich mit den Fragen der Sicherheit in Europa. Er enthielt einen Prinzipienkatalog, der das zwischenstaatliche Zusammenleben der Staaten gewährleisten sollte. Weiterhin beinhaltete er das „Dokument über vertrauensbildende Maßnahmen und bestimmte Aspekte der Sicherheit und Abrüstung", welches den Austausch von militärischem Personal und die Ankündigung von Manövern, bei dem über 25.000 Mann teilnehmen, vorsah. Im zweiten Korb wurde die Zusammenarbeit in den Bereichen Wirtschaft, Wissenschaft, Technik sowie Umwelt geregelt. Vor allem länderübergreifend sollte in diesen Ebenen die Arbeit verbessert bzw. erweitert werden. Der dritte, und zugleich wichtigste Korb der Akte, ging auf die Zusammenarbeit im humanitären und anderen Bereichen ein. Er legte sein Augenmerk auf die Einhaltung der Menschenrechte und die Förderung der menschlichen Kontakte (etwa durch das Recht auf Freizügigkeit). Dieser Korb war besser und detaillierter

---

[22] siehe Protokoll des ZK der DDR über die Treffen zwischen Honecker und Schmidt während der KSZE-Ab-schlusstagungen 1975, besorgt aus dem Bundesarchiv der BRD

ausgearbeitet als jedes vergleichbare Dokument, was bis dahin verabschiedet wurde. Im vierten und letzten Korb einigten sich die Konferenzteilnehmer darauf, zur Weiterentwicklung und Verbesserung des Prozesses Folgetreffen durchzuführen.[23] Diese Folgetreffen sollten vor allem dazu dienen, die vereinbarten Verpflichtungen zu ergänzen und zu präzisieren. Sie wurden aber auch genutzt um die Verwirklichung der KSZE-Bestimmungen zu überprüfen, besonders zu den Menschenrechtsbestimmungen. Von Oktober 1977 bis März 1978 fand dann das erste Folgetreffen in Belgrad statt. Die Stimmung in Belgrad war negativ getrübt da die USA diverse Menschenrechtsverletzungen in der Sowjetunion anprangerte. Die wiederum lehnte eine genauere Überprüfung ab und entgegnete mit dem Prinzip der Nichteinmischung aus dem Prinzipienkatalog. Beide Seiten gingen nicht aufeinander zu und so blieb das Belgrader Treffen ergebnislos. Man einigte sich lediglich auf das Datum des nächsten Folgetreffens in Madrid für den November 1980. Der Zeitpunkt für dieses Treffen war äußerst ungünstig gewählt – der NATO-Doppelbeschluss und der Einmarsch sowjetischer Truppen in Afghanistan 1979 hatten für erneute Spannungen in den Ost-West-Beziehungen gesorgt. Und wieder übte der Westen Kritik, diesmal an der mangelnden Umsetzung der Beschlüsse in den Warschauer-Pakt-Staaten, den Problemen der menschlichen Kontakte oder auch der Behinderung

---

[23] siehe Bloed, Arie: The Conferece on Security and Co-operation in Europe: Analysis and Basic Documents, 1972-1993. Dodrecht 1993, S. 46 ff.

der Arbeit von Journalisten. Zusätzlich wurde das Treffen überschattet von der Verhängung des Kriegsrechtes über Polen am 13. Dezember 1981. Aus diesem Grund unterbrach man das Treffen im März 1982 und erst im November wurde die Arbeit in Madrid weitergeführt. Am 09. September kam es dann zur Unterzeichnung des abschließenden Dokuments von Madrid, das neue Inhalte brachte. So einigte man sich auf die Einhaltung von Religions-, Information- und Gewerkschaftsfreiheit, Zugang zu ausländischen Missionen und auf die Erleichterung der Arbeit von Journalisten. Weiterhin sollten Expertentreffen stattfinden und die Konferenz über Vertrauens- und Sicherheitsbildende Maßnahmen und Abrüstung in Europa (KVAE) wurde gegründet. Die KVAE nahm daraufhin im Januar 1984 ihre Arbeit in Stockholm auf.[24] Das nächste Treffen sollte das vom November 1984 bis Januar 1989 in Wien sein. Hier gab es vor allem eine Vertiefung der Menschenrechte (Recht auf Freizügigkeit, Zulassung nichtstaatlicher Menschenrechtsgruppen), aber auch die Gründung des Verhandlungsgremiums über konventionelle Streitkräfte in Europa (VKSE). Damit wurden erstmals auch Rüstungskontroll- und Abrüstungsfragen angesprochen. Das Gremium begann im März 1989 erstmals mit seiner Arbeit.[25] Im November 1990 trafen sich die Staats- und Regierungschefs der KSZE-Staaten in Paris. Hier unterzeichneten sie, auch in Anbetracht der Wiedervereinigung

---

[24] ebenda , S. 50-54
[25] siehe v. Bredow, Wilfried: Der KSZE-Prozeß: von der Zähmung zur Auflösung des Ost-West-Konflikts. Darmstadt 1992, S. 116 ff.

Deutschlands die Charta von Paris. Sie beinhaltete die Achtung und den Zusammenhalt aller Staaten Europas, die Demokratie als einzige Regierungsform sowie den Aufbau von sozialen Marktwirtschaften in ganz Europa. Weiterhin wurde der Vertrag über konventionelle Streitkräfte in Europa unterzeichnet. Danach gab es Obergrenzen für Waffensysteme und eine Reduzierung bestimmter Waffen. In Paris beschloss man ebenfalls die Institutionalisierung der KSZE. So richtete man unter anderem den KSZE-Außenministerrat, den Dringlichkeitsausschuss oder den Ausschuss Hoher Beamter ein. Zwei Jahre später, 1992, gab es dann das vierte Folgetreffen in Helsinki. Das wichtigste Ergebnis dieses Treffens war die Unterzeichnung des Vertrags des Offenen Himmels. Demnach sollten militärische Aktivitäten der Teilnehmerstaaten durch Kontrollflüge überschaubar gehalten werden. [26]

Auf dem fünften Folgetreffen vom Oktober bis Dezember 1994 in Budapest vollzog sich die Umwandlung der KSZE zur OSZE. In den „Beschlüssen von Budapest" sah man eine Weiter- entwicklung der OSZE zur optimalen Konfliktverhütung und Krisenbewältigung vor, sowie die Diskussion eines Sicherheitsmodells für Europa im 21. Jahrhundert.[27]

---

[26] vgl. Heraclides, Alexis: Helsinki-II and its Aftermath: The Making of the CSCE into an International Organization. London 1993, S. 13-19
[27] vgl. Tudyka, Kurt P.: Das OSZE Handbuch: Die Organisation für Sicherheit und Zusammenarbeit von Vancouver bis Wladiwostok. Opladen 1997, S. 42

3.2 Die Menschenrechtsakte von Helsinki und ihre Folgewirkungen

Die in Korb III verankerte Menschenrechtsthematik war einer der bedeutendsten Bestandteile der Schlussakte von Helsinki und bis zum Pariser Gipfeltreffen zentraler Bestandteil der zwischenstaatlichen Verhandlungen der KSZE. Kein anderer Bereich spiegelte so offen die unterschiedlichen Konzeptionen zwischen Ost und West wieder. Die Staaten des Warschauer Paktes sahen bei den Initiativen zu der Konferenz in den sechziger Jahren eine intensive Betrachtung dieses Bereiches gar nicht vor. Ihrer Auffassung nach seien lediglich die Beziehungen zwischen Staaten relevant für die Entspannung, nicht aber die Beziehung zwischen den Menschen. Der Westen dagegen vertrat die Ansicht, dass mehr Kontakte und Freiheiten der Menschen durchaus wichtig für die Entspannung sind und deshalb in der KSZE ihren Niederschlag finden sollten. Tatsächlich kam es bei jedem Treffen zu einer schrittweisen Präzisierung der menschenrechtlichen und humanitären Bestimmungen der Schlussakte bis hin zur Festlegung von Regeln.[28] Und schon mit dem siebten Prinzip aus der Prinzipienerklärung des Korbs I bekannten sich die Staaten zur Achtung der Menschenrechte und Grundfrei- heiten.[29] Allerdings

---

[28] vgl. Ebert, Hans-Jürgen: Brauchen wir die KSZE? zweite, erweiterte und aktualisierte Ausgabe. Berlin 1993, S. 40 ff.

[29] siehe Rohde-Liebenau, Sylvia: Menschenrechte und internationaler Wandel: Der Einfluß des KSZE-Menschen-
rechtsregimes auf den Wandel des internationalen Systems in Europa. Baden-Baden 1996, S. 9 ff.

gab es auf westlicher und östlicher Seite unterschiedliche Vorstellungen darüber, wann Menschenrechte der Schlussakte entsprechend geachtet wurden. Während die Ostblockländer die Bedeutung der Menschenrechtsakte eher gering einschätzten, startete James Earl Carter in den USA eine Menschenrechtskampagne.[30]

Und obwohl mit der Unterzeichnung der Schlussakte alle teilnehmenden Staaten die Menschenrechte anerkannten und deren Einhaltung bei den Folgekonferenzen überprüft wurden, kam es zu gravierenden Menschenrechtsverletzungen. Vor allem in den östlichen Ländern waren diese Verletzungen erkennbar. Doch selbst hier gab es trotz des sowjetisch geprägten Sozialismus und der Einparteienherrschaft differenzierte Auffassungen zum Grad der Achtung der Menschenrechte und Grundfreiheiten.[31]

Die am wenigsten vorhersehbare Wirkung der KSZE war ihre Impulskraft auf die Menschenrechts- und Bürgerrechtsbewegungen in Osteuropa. In vielen Ländern gab es bereits vor 1975 eine Vielzahl solcher Bewegungen, doch nach der Unterzeichnung der Schlussakte bekamen sie neue Anstöße für ihre Arbeit. Sie nutzten

---

[30] James Earl Carter war der 39. Präsident der USA (1977-1981).
[31] siehe Schlotter. Peter: Die KSZE – im Ost-West-Konflikt: Wirkung einer internationalen Institution. Frankfurt/Main [u. a.] 1999, S. 182

die KSZE-Vereinbarungen, um ihre Forderungen nach mehr politischen und bürgerlichen Rechten Nachdruck zu verleihen. [32]

In der Sowjetunion etwa begann kurze Zeit nach der Veröffentlichung der Schlussakte der noch aktive Teil der Menschenrechtsbewegung mit dem Aufbau transnationaler Kontakte. Mitglieder der Bewegung versuchten so im Ausland Unterstützung für ihre Auseinander- setzung mit der sowjetischen Regierung zu bekommen. So nahm man schon im August Kontakt zu Abgeordneten des amerikanischen Kongresses auf, woraufhin die „Helsinki Commission" des Kongresses aufgebaut wurde. Sie spielte eine zentrale Rolle bei der Dokumentation von Menschenrechtsverletzung. Am 12. Mai 1976 gründeten mehrere Bürgerrechtler die Moskauer Helsinki-Gruppe. Diese Gruppe sandte unter anderem 64 Dokumente an die Belgrader und Madrider Konferenz, die dann von der amerikanischen Delegation mit in die Verhandlungen eingebracht wurden. Die Mitglieder der Gruppe wurden in der Sowjetunion scharf verfolgt. Bereits 1977 verhaftete man Jurij Orlow, den Begründer, und 1982 kam das letzte Mitglied in Haft, womit sich die Gruppe auflösen musste. In ihrer sechsjährigen Tätigkeit veröffentlichte die Gruppe mehr als 150 Berichte von Menschenrechtsverletzungen in der UdSSR. Erst mit

---

[32] siehe Ebert, Hans-Jürgen: Brauchen wir die KSZE? zweite, erweiterte und aktualisierte Ausgabe. Berlin 1993, S. 44

den von Gorbatschow eingeleiteten Reformen konnte sich die Helsinki-Gruppe neu formieren.[33]

In der Tschechoslowakei war es vor allem die Charta 77, die aktiv die Einhaltung der KSZE-Vereinbarungen forderte. Die Mitglieder waren insbesondere Intellektuelle, Künstler, Reform-kommunisten und Katholiken. Ihre Arbeit regte auch die Ausbreitung anderer unabhängiger Aktivitäten in der Gesellschaft an. In Polen war es nicht eine bestimmte Gruppe, die die Menschen- und Bürgerrechtsbewegung vorantrieb. Hier bildete sich vielmehr eine breite gesellschaftliche Koalition zwischen Intellektuellen, Arbeitern und der katholischen Kirche, die sich auf die Menschenrechtsthematik und den KSZE-Prozess stützten. Für die spätere Gründung und den Erfolg der unabhängigen Gewerkschaft Solidarnosc erwies sich diese Koalition als äußerst hilfreich.[34]

Die DDR war auf Grund der deutschlandpolitischen Situation ein Sonderfall. Der Todesstreifen, die Mauer, Diskriminierungen und Verfolgungen aus politischen Gründen sowie die harte Bestrafung bei Fluchtversuchen stellten gravierende Verstöße gegen die Menschenrechte dar. Die Bürger der DDR selbst bezogen ihre Forderungen zu den Menschenrechten vor allem auf die Reise- und Ausreisefreiheit. Durch die Unterzeichnung der KSZE-Schlussakte besaßen die DDR-Bürger nun neue Argumente die Einhaltung der

---

[33] vgl. Rohde-Liebenau, Sylvia: Menschenrechte und internationaler Wandel: Der Einfluß des KSZE-Menschen-rechtsregimes auf dem Wandel des internationalen Systems in Europa. Baden-Baden 1996, S. 51 ff.
[34] ebenda, S. 66 ff.

Menschen- und Bürgerrechte von der SED einzufordern. Besonders das Recht auf Freizügigkeit wurde dabei gefordert. Da die KSZE-Akten die freie Reise sichern sollte, stieg Mitte der siebziger Jahre die Zahl der Ausreiseanträge sprunghaft an. Erstmals begründeten die Ausreisewilligen ihr Anliegen offen mit einer oppositionellen Haltung gegen das SED-Regime. Natürlich reagierte die DDR-Führung auf diese Forderungen – so wurde im April 1977 und im Juni 1979 das Strafrecht für „staatsfeindliche Hetze" und „ungesetzliche Verbindungsaufnahme" verschärft. Die Absicht damit die Zahl der Ausreiseanträge und den Kontakt zu ausländischen Personen, Organisationen und Institutionen zu verringern gelang. Tatsächlich gab es kurzzeitig einen leichten Einbruch bei der Zahl der Anträge. Nach der Madrider Folgekonferenz von 1983 stiegen die Zahlen aber wieder an. Seit Ende der siebziger Jahre kam es zur vermehrten Bildung verschiedener informeller Gruppen. Besonders im Schutzraum der Kirche konnten diese ihre oppositionelle Arbeit ausführen. Eine große Opposition wie die Charta 77 oder Solidarnosc gab es zu diesem Zeitpunkt in der DDR nicht. Erst ab dem Jahr 1989 lässt sich eine breite demokratisch orientierte Bürgerrechtsbewegung, die das Ziel der Durchsetzung der Menschen- und Bürgerrechte verfolgte, erkennen. Dabei stützten sich fast alle Bürgerrechtsbewegungen auf die KSZE. Der „Demokratische Aufbruch" forderte beispielsweise am 29. Oktober 1989: „das politische Strafrecht der DDR in Abstimmung mit den UNO- und KSZE-Dokumenten zu revidieren". Auch die Reisefreiheit und das Auswanderungsrecht, verankert in den Wiener KSZE-Beschlüssen, wurden öffentlich eingefordert.[35]

Es zeigt sich also, dass auch die KSZE-Beschlüsse in Bezug auf die Menschenrechte den Weg zur Einheit Deutschlands und Europas ebneten. Unbestritten bleibt aber auch, dass ohne die Reformpolitik Gorbatschows und die friedlichen Demonstrationen der Bürger diese Einheit nicht möglich gewesen wäre.[36]

3.3   Die OSZE von Heute

Nach dem Zusammenbruch der sozialistischen Ostblockstaaten zu Beginn der neunziger Jahre verlor die KSZE eine ihrer bedeutendsten Aufgaben – die Schaffung einer friedlichen Koexistenz zwischen Staaten mit ordnungspolitisch unterschiedlichen Gesellschaften. Der Ost-West-Konflikt war überwunden und im Osten Europas bauten sich nach und nach demokratische Strukturen und Staaten auf.[37] Doch die KSZE, seit dem 01. Januar 1995 OSZE genannt, wurde trotzdem nicht nutzlos für die multilateralen Beziehungen in der Welt. Der heutigen OSZE

---

[35] siehe Schlotter, Peter: Die KSZE – im Ost-West-Konflikt: Wirkung einer internationalen Institution. Frankfurt/Main [u. a.] 1999, S. 193 ff.
[36] vgl. Ebert, Hans-Jürgen: Brauchen wir die KSZE? zweite, erweiterte und aktualisierte Auflage. Berlin 1993, S. 6 ff.
[37] siehe Tudyka, Kurt P.: Das OSZE Handbuch: Die Organisation für Sicherheit und Zusammenarbeit von Vancouver bis Wladiwostok. Opladen 1997, S. 9

gehören 55 Staaten an, die zwar nicht allesamt Teil des geographischen Europas sind, zumindest aber enge Beziehungen zum europäischen Kontinent haben. Jeder einzelne dieser Staaten bekannte sich durch ihre Regierungen zu bestimmten Normen (Schlussakte von Helsinki, Charta von Paris usw.) und unterworfen sich so den vereinbarten Regeln. Durch ihre gesamteuropäische Universalität und der Gleichstellung der ihr angehörigen Staaten zeichnet sich die OSZE gegenüber allen anderen Einrichtungen der multilateralen Zusammenarbeit aus. Sie umfasst heute eine feste Struktur beratender und beschließender Organe, so etwa im Sekretariat in Wien, im Büro für demokratische Institutionen und Menschenrechte in Warschau oder bei den jährlich stattfindenden Wirtschaftsforen in Prag. Die wichtigste Arbeit nehmen allerdings die zahlreichen kurz- und langfristigen Missionen in den unterschiedlichsten Konfliktherden ein, die größtenteils Beobachter-, Erkundungs-, Experten-, Berichterstatter- und Überwachungsmissionen sind.[38]

In vielen ost- und mitteleuropäischen Ländern zeigte sich, dass die politische Neuorientierung nicht ohne Konflikte zumeistern war. Die OSZE wurde hier in Missionen der Nationenbildung tätig. Die erste und in dieser Größenordnung noch nie da gewesene Mission, war Mitte der neunziger Jahre in Bosnien. Dort sollte die OSZE ihre Aufgabe bei der Befriedung des neuen Bosnien-Herzegowinas

---

[38] ebenda, S. 10

ausüben. So mussten die Wahlen im Jahr 1996 durch Kräfte der OSZE durchgeführt und kontrolliert werden. Neben diesem Einsatz vertrat die OSZE noch Missionen im Kosovo, Georgien, Moldau oder Mazedonien. Und auch nach den Terroranschlägen im Jahr 2001 kamen auf die Organisation neue Aufgabenfelder zu. Auf diesem Gebiet arbeitet sie eng zusammen mit den Vereinten Nationen, der NATO und der Europäischen Union. In diesem Gebiet ist ihre wichtigste Aufgabe die Verhütung und die Beschäftigung mit schwachen Staaten, aber auch für die Durchführung von Wahlen wird hier die OSZE herangezogen. Experten sind sich jedoch einig, dass die OSZE durchaus für tief greifende Aufgaben bereit ist. So biete der umfassende Sicherheitsansatz der Organisation mehr Instrumente als jede andere Sicherheitsorganisation, müsse dafür aber entschiedener eingesetzt werden.[39]

Es zeigt sich demnach, dass die OSZE in der politischen Welt nicht an Bedeutung verloren hat. Dabei hat sie sich natürlich – so wie die Welt auch, im Laufe der Zeit verändert. Nachdem der Kalte Krieg überwunden wurde bildet sie heute eine Brücke zwischen der erweiterten Europäischen Union und ihren neuen Nachbarn. Und auch beim Austausch von verschiedensten Sicherheitsthemen dient sie als einzigartiger Kommunikationskanal zwischen Nordamerika,

---

[39] siehe Barry, Robert L.: Die zukünftigen Aufgaben der OSZE. in: IFSH (Hrsg.): OSZE-Jahrbuch 2004 Baden-Baden 2004, S. 27 ff.

der Russischen Föderation, Europa, dem Kaukasus und Zentralasien.[40] Mit der Bekämpfung des weltweiten Terrorismus stellen sich ihr neue Problemgebiete, in der die OSZE ihren Betrag leistet und auch zukünftig leisten wird. Die übrigen internationalen Institutionen schätzen die Arbeit der OSZE in ihrer Vergangenheit und erkannten auch die Möglichkeiten, die in einer zukünftigen gemeinsamen Kooperation liegen.

4. Ergebnis und Ausblick

Kaum eine andere Konferenz beeinflusste die politische Entwicklung des Kalten Krieges so sehr wie die Konferenz für Sicherheit und Zusammenarbeit in Europa. Es war das erste Zusammentreffen der ehemaligen Alliierten des Zweiten Weltkriegs und sollte eine Wende in den politischen Beziehungen zwischen ihnen darstellen. Allen Seiten war bewusst geworden, dass ein friedliches Zusammenleben in der Welt durch Wettrüsten und politische Krisen in Gefahr geraten war und nur durch den Abbau der Spannungen wieder gesichert werden konnte. Mit den ersten Verhandlungen zur KSZE war somit schon eine große Hürde dieses Weges genommen. Auch wenn bei den zahlreichen Tagungen die unterschiedlichen welt- politischen Ansichten der Machtblöcke nicht verborgen blieben, so konnten doch immer Kompromisse gefunden

---

[40] vgl. Passy, Solomon: Zum Geleit. in: IFSH (Hrsg.) : OSZE-Jahrbuch 2004. Baden-Baden. 2004, S. 11 ff.

werden, die der sicheren Zukunft Europas dienten. Und nach über dreißig Jahren KSZE-Geschichte stellte sich heraus, dass sie für die Auflösung des Ost-West-Konflikts eine entscheidende Rolle spielten. So ist es auch dem KSZE-Prozess zu verdanken, dass der Zusammenbruch der sozialistischen Regime ab 1989 ohne eine Gefährdung der europäischen Sicherheit und ohne organisierte Gewalt herbeigeführt werden konnte.[41]

Doch nicht alleine dem Prozess selbst kommt eine große Bedeutung zu. Auch die beschlossenen Vereinbarungen sollten das politische Geschehen beeinflussen. Allen voran die Achtung der Menschenrechte in der KSZE-Schlussakte von Helsinki. Nie zuvor wurden die Menschenrechte so deutlich betont und bekräftigt wie in dieser Erklärung von 1975.

Außerdem erkannten damit erstmalig die Staaten des Ostblocks die Menschenrechte an und verpflichteten sich zu deren Einhaltung. Besonders für die Bürger dieser Staaten war dies ein wichtiger Schritt. Sie hatten damit ein Dokument in der Hand, das ihnen die Einforderung dieser Rechte garantierte. So stützten sich zum Ende der achtziger Jahre die Menschen- und Bürgerrechtsbewegungen in den sozialistischen Republiken auf die Helsinkier Schlussakte. Auch aus diesem Grund förderte die KSZE-Menschenrechtsakte

---

[41] siehe v. Bredow, Wilfried: Der KSZE-Prozeß: von der Zähmung zur Auflösung des Ost-West-Konflikts. Darmstadt 1992, S. 19 ff.

langfristig den Demokratisierungsprozess im Osten Europas und trug zum Machtverlust der sozialistischen Regierungen im Ostblock bei.[42] Und auch heute nimmt ihre Politik eine wichtige Rolle bei der Krisenbewältigung und Konfliktverhinderung und -schlichtung ein. Offen bleibt die Frage, wie sich der Ost-West-Konflikt ohne den KSZE-Prozess und seine Beschlüsse entwickelt hätte? Wäre es zu erneuten Konfrontationen gekommen oder wäre im Laufe der Zeit eine Entspannung eingetreten?

Es ergeben sich also noch ungeklärte Fragen, die durch die Wissenschaft erst noch geklärt werden müssen.

---

[42] vgl. Rohde-Liebenau, Sylvia: Menschenrechte und internationaler Wandel: Der Einfluß des KSZE-Menschen-rechtsregimes auf den Wandel des internationalen Systems in Europa. Baden-Baden 1996, S. 10 ff.

5. Literaturverzeichnis

Auswärtiges Amt (Hrsg.): Von der KSZE zur OSZE: Grundlagen, Dokumente und Texte zum deutschen Beitrag 1993-1997. Bonn 1998

Becker, Peter: Die frühe KSZE-Politik der Bundesrepublik Deutschland: der außenpolitische Entscheidungsprozess bis zur Unterzeichnung der Schlussakte von Helsinki. Münster [u. a.] 1992

Blank, Ulrich; Darschinger, Jupp: Helmut Schmidt. Hamburg 1974

Bloed, Arie: The Conference on Security and Co-operation in Europe: Analysis and Basic Documents, 1972-1993. Dodrecht 1993

v. Bredow, Wilfried: Der KSZE-Prozeß: von der Zähmung zur Auflösung des Ost-West-Konfliktes. Darmstadt 1992

Ebert, Hans-Jürgen: Brauchen wir die KSZE? zweite, erweiterte und aktualisierte Auflage. Berlin 1993

Geiss, Imanuel: Geschichte griffbereit. München 2002

Heraclides, Alexis: Helsinki-II and its Aftermath: The Making of the CSCE into an International Organization. London 1993

Institut für Friedensforschung und Sicherheitspolitik an der Universität Hamburg / IFSH (Hrsg.): OSZE-Jahrbuch 2004. Hamburg 2004

Lorenz, Jan: Erich Honecker: Eine Biographie. Reinbek 2001

Meissner, Boris; Uschakow, Alexander (Hrsg.): Probleme der Konferenz über Sicherheit und Zusammenarbeit in Europa. Berlin 1975

Rohde-Liebenau, Sylvia: Menschenrechte im internationalen Wandel: Der Einfluß des KSZE-Menschenrechtsregimes auf den Wandel des internationalen Systems in Europa. Baden-Baden 1996

Schlotter, Peter: Die KSZE – im Ost-West-Konflikt: Wirkung einer internationalen Institution. Frankfurt/Main [u. a.] 1999

Schmidt, Helmut: Menschen und Mächte. Berlin 1990

Schwarz, Hans-Peter; Haftenkorn, Helga (Hrsg.): Europäische Sicherheitskonferenz. Opladen 1970

Tudyka; Kurt P.: Das OSZE-Handbuch: Die Organisation von Sicherheit und Zusammenarbeit von Vancouver bis Wladiwostok. Opladen 1997

Wettig, Gerhard: Frieden und Sicherheit in Europa: Probleme bei der Konferenz für Sicherheit und Zusammenarbeit in Europa (KSZE) und der wechselseitigen Truppenreduzierung (MBFR) in Europa. Stuttgart-Degeloch 1975

Willms, Bernard: Entspannung und friedliche Koexistenz. München 1974

Zielinski, Michael: Die neutralen und blockfreien Staaten und ihre Rolle im KSZE-Prozess. Baden-Baden 1990

6. Quellen

Protokoll des Zentralkomitees (ZK) der DDR über die Treffen zwischen Erich Honecker und Helmut Schmidt während der KSZE-Abschlusstagung 1975, besorgt aus dem Bundesarchiv der BRD